7:09   10.5℃

FM4 Today FM

01.10.2005

What will this day bring to us?
Dawn breaks in Dublin.
Dave Moulton

This is Ireland. Well, it's a snapshot, or should I say snapshots, of our country as it looked on October 1st 2005.

It's odd; you hear lots of people going on about digital technology and how it has devalued the status of photographs in our lives. I don't agree - this collection is so unique and so comprehensive thanks to the arrival of these new technologies.

We were truly 'flabbergasted' by the response to our request for people to go out on that Saturday and take pictures.

We'd guessed that tops, we'd maybe get 5,000 pictures! But no - something really special happened. It felt like every camera in the country was clicking that day. We received close to 20,000 photographs from camera phones, digital cameras, old instamatics, disposables, Polaroid's and the pros' favourite, the 35mm.

That was the easy bit. Then began the gigantic task of editing the photos. Our brief from the outset was to paint a picture, a true reflection of life in Ireland on that day, in that year and during that century.

We hope we have succeeded. Ideally, we would have loved to include every photo sent in but unfortunately it just wasn't possible.

We have looked at every photograph and they told us many things. We are an island nation, we like beaches, we play sport, we make music, we work, we party, we love animals, we love stories, we are young, we are old, we laugh, we cry, we love our children, we come from many different backgrounds, we take pictures - we are 'Us'.

So take your time and lose yourself in this very special collection. We hope you enjoy it, we definitely enjoyed putting it together. It has been a truly exciting undertaking for all of **Us**.

Ray D'Arcy TodayFM

Hi Ray,

Last week when you were looking for a name for the 'photo book' I had a frantic boyfriend call me and tell me to email the word 'Us' to you as a suggestion - I ended the mail with the line 'the things ya do for love'.

Anyway - he has now discovered that you have used 'Us' as the name for your book and is currently driving me and everyone else we know daft to find out is it because he suggested it or did you already have it.

Can you please just personally advise me (not over the airwaves type of thing!) that he's not the only one in the country that came up with it so that I can go home this evening, deflate his ego, have my dinner in peace and watch him set off into the sunset on a lads night out tonight!

Deirdre Gleeson

That's how it happened. Dave was indeed the man who named the book. Here he is, ego intact, on the phone to Ray on October 1st. Thanks Deirdre. Thanks Dave.

This photo of Annette Walsh and Peter Cullinane celebrating at their wedding reception in Christy's Hotel, Blarney, Co.Cork. was taken with only 25 seconds to go before midnight on Saturday 1st October, Annette & Peter are from Ballyvolane and got married in their local church, St. Oliver's.
James McSweeney

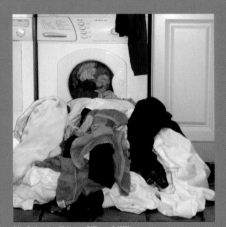

My Saturday **Triona O'Dowd Hill**

I once read an article about what it means to be Irish. One thing was this: no matter what house you go into in Ireland, you know you'll find plastic bags in the cupboard under the sink. My contrary housemate has six such plastic bags, all crammed with plastic bags. How Irish is that? **William Burke**

The guys were 'hanging' after the Teddy Bear's Picnic **Katie Fitzsimons**

Hottie on the Hill, Sally Gap **Stephen Keogh**

Big Kids, Wicklow **John Caffrey**

Irish Picnic, Sheep's Head Peninsula, West Cork **Michael Hanlon**

I risked my life taking it, hanging over the cliff
above while gusts of storm blew me almost off.
Rogier Meijer

Waterb...
Eoin O'Riordan, Rosscarbery, C

sco Paddlers
endan Dempsey

Anthony Byrne

Drink2Excess **Anthony Byrne**

Changing Skyline **Michael MacMahon**

Crown Alley **Michael Byrne**

Incredible Watchers **Ross O'Gorman**

Halloween Shopping **Roisin Nugent**

Safe to Shore! **Fady Abdulahad**

Calming the Nerves **Paul Fenwick**

Two Dads **Declan Holmes**

Lindsey, Sarah (twins) and Ben **Lisa Mitchell**

I Read the News Today **Paul Newma**

Nora Scannell

In the Kitchen at Parties **Órlaith Cullinane**

Having My Lunch **Mags Shanahan**

Handy **Lucia Mullerova**

Blue Eyes **Rachel Richardson**

...erford City Fire Service

Angels **Maeve Furlong**

Composition **Maeve Furlong**

Avoca **Kerry Hamill**

...in Temple Bar MC **Claire O'Reilly**

Walking Miss Daisy **Lorraine Clarke**

...gby Action **Owen South**

Mark and Maria **Maria Golpe**

...ttle Drummer Boy **Padraig Slattery**

Bath Time at Dunbars **John Morgan**

The Evening of the Day **Ann Duffy**

...ooking at Pics

Kerching! **Lauren Doran**

Trees **Karen Gallagher**

Spot the Ball **Anthony Kiely**

Eoin Kelly

This is my husband Rob and myself Annette coming home after a week spent in Dingle. Like yourselves we had only about 4 hrs sleep and set off at 8 in the morning for home which is New Ross. The pic was taken around Stradbally.

A typical Dublin family enjoying Captain America's.
A family tradition for at least 30 years.
Ron

I know my doggy's in there somewhere... **Kevin Clarke**

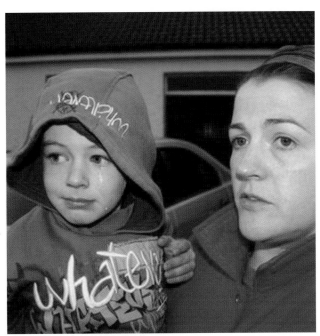

...She'll come back again **Kevin Clarke**

Girls' Night Out in Temple Ba
Fiona Stokes

Patrick O'Regan

Glendalough **Shane Mcloughney**

Nearly Through **Richard Cuddy**

Dog Grooming **Richard Cuddy**

Evening Stroll **Roisin Nugent**

Ian O'Brien

Aoife Minihan & Michael Toolen **Orla O'**

A Van Has Shed Its Load **Liz O'Sullivan**

Sarah's Apple Tree **Orlagh Campbell**

Traffic Jam to Lisdoonvarna
Orla Dempsey

Patty Darcy, Centra **Rory Cryan**

Have You Got the Grift **Owen McDonn**

Strandhill Beach **Paraic McDonagh**

Butterfly Cousins **Pamela McCarthy**

Susan the Shy Shopkeeper **Padraic O'Raighne**

The Currach Carriers **Padraic O'Raighne**

Somewhere! **Paddy Byrne**

Croquet of the Season **Orla O'Keeffe**

Our New House **Emily Barron**

Sinead's 30th **Emma Costello**

t's Causeway **Eoghain Ryan**

Pauline's Wedding **Emma Deenihan**

fields of Thurles **John O'Loughlin**

rd's Eye View **Oonagh O'Loughlin**

He's an Irish Setter **Kevin Mullin**

My Little Petal **Eoin Carmody**

Brand New Chilled Out Nephew

Donegal **Paul Faughnan**

Sikka Deer **Florence Ronane Duffy**

Amanda Fletcher

Morning Lace **Philip Brady**

Reared To It **Evan O'Hara (18 Months)**

...der 10 girls win their first match against St Peregrine's **Ray Murray, Castleknock GAA club**

Ahane u12 hurlers after winning county final **Michael Mc Namara**

...o Messin With This Gal **Tom Doyle**

We Did It - Ahane U 12 County Hurling Champions **James O'Keeffe**

Tá an áthas orm **Maurice Hourigan**

...ee-ugh! **Mary Hassett**

Well Done Genius **Neil Lucey**

Little Did She Know

This was taken in Clohessy's Bar in Limerick at 10.44pm. A group of us who graduated in 1999 from UL, Computer Engineering and Electronic Engineering had an unofficial class reunion
Nicola Lenihan

Fancy Dress **Dave Reynolds**

Pulse Night Club, Letterkenny 11.57pm
Paul O'Sullivan

Niall Carroll

Wha Dat? **Olivia Hearne**

Yum! **Ailish McGowan, Sligo**

Salthill, Galway

I went back to my car - it was clamped too **Conor O'Connor**

This is my crap job from where I listen to you every day

The Cow Among The Nettles **Gareth Foxton**

Thou Shall Sleep in on a Sat **Michelle Farrell**

My Brother Conan, Fast Asleep

D Last Of My Sunflowers **Elma Law**

Light At The End Of The Degree Tunnel **Stephanie Cremen**

Hot Dogs **Diarmuid Coakley**

Kris & Kian O'Callaghan **Emma O'Callaghan**

Seamus Flanagan, Havin A Cuppa!

My Favourite Duck **Stephanie Cremen**

Angus Macmillan from NZ

All Loved Up **Noelle McInerney**

Tramore **Noel Kelly**

U Going My Way? **Dennis Gowing**

Princess Sophie Limerick, **Nicki O'Shea**

Maybe Shane Needs Therapy? **Cian O'Leary**

Cocktail Time **Kiran Bull**

Perfect Match

Ian & Victoria

Birthday on Aran Ferry **Hilary Gallagher**

Bless Ya **Kiaya O Brien**

Gavin Power

Con Moynihan

Carley's bridge **Lorraine Nolan**

Guess who?? **George**

s Cruise **Elaine Hernandez**

Elaine Naughton

The Tea Is Ready **Phyllis Moran**

I Wuv You **Rebecca Haslam**

Pimp My Ride In Progress **Sean**

Blue, Electric Blue!

Julie's Eye! **Gavin Myers**

De Lads On A Saturday Night **Matt Bourke**

I Want To Break Free! **Noel Colleran**

Hung Over

Mad Sea in Sligo! **Jordan McSharry**

Dublin Bay Rollercoaster **Willy Kearney**

David Conn

Disco Paddlers **Brendan Dempsey**

Padraic on Balinlough **Robbie Pitmann**

Tara Byrne

t Concentrate... **Maurice Brennock**

Mission Alive: Safe to Shore! **Fady Abdulahad**

Day After Crashing Wedding in Celbridge, Kildare **Damo Whitney**

arees, Co. Kerry **Tom Spillane**

Up's & Down's **Ryan Whalley**

A Day in the Life of Local Hurling **Pauline Burke** Trying to Sleep **Paul Kelly** Shipwrecked in Donegal **Pauric Doherty** Where's Me Jumper? **Heather Pollard**

Dairy on Doorstep **Brigitte Enfeldt** Munster Friends **Aidan McCarthy** Rusty James, Accony, Co Mayo **Neil Paul** Model Ireland **Ged**

Elf **Karen Gallagher**

Amy and Ryan at 7up on Ice

5 Dice Pot Holes **Gráinne Dunne**

Taking A Break **Oonagh O'Loughlin**

e a Break **Gerry Glynn**

The hair o the dog **David Donnelly**

Doctors and Nurses **Tara**

Back to Back **Gráinne Dunne**

Mad Maitilde

That's the Halloween costume sorted, anyway **Stephen Mulligan**   Fede (Italy), Stephanie (Ireland) and Véronique (France) **Veronique**

Nikita Brown, Aged 2 **Nikki Brown**   Beautiful Irish Witch **Derek Owens**

Learning to Defend Ourselves **Claire Gilmore**

UCD Mountaineering Club, Knockree **Eoin Rafter**

Wheelchair Athetes in Training **Mairead Farquharson**

Spectators Get a Soaking **Stephen Faul**

We Can Win This One **Philip Brennan**

Lacrosse **Jenny Rubesamen**

On Guard! **Jenny Rubesamen**

Ireland U-12 Rugby Blitz **David Walsh**

2-Wheel Wicklow Sunset, Redcross **Stuart Martin**   **David Murtagh**

mes Dunne, 8 yrs old on Elmer **Donal O'Beirne**   The girls at ballet **Gwen Kennedy**   Under 19 Womens' Team in Estonia **Gerard Dunne**

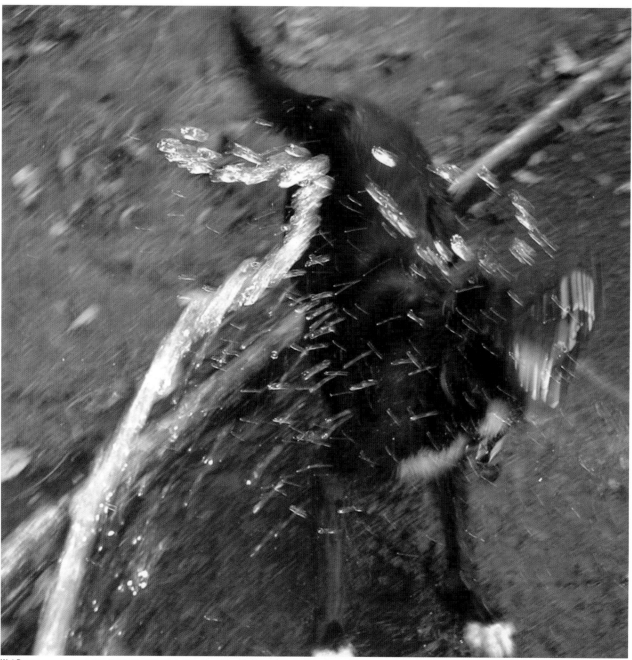

Wet Dog

owmadisdat? **Enda Fallon**

Over Full Irish **Rosey Broderi**

allinasloe Fair **Valerie O'Sullivan**

D-Day **Jennifer Collins**

A good four years in her **Laura Schlieter**

High Noon in O'Sheas **Roger Jones**

Leprechaun house **Kate Harte**

Rain coming **Declan Brehony**

Splat!

Such a Princess **Fergal**

Hey bud, I'm Irish n proud of it **Audre**

Biker being attacked by kitten

I'm legless **Vincent Harris**

Enjoying the crack! **Sean O'Halloran**

Limerick Lady **Gerry Glynn**

Strandhill Guitar Festival **Jonathan Hill**

Cnoc na Riabh
KNOCKNAREA

Compost **Brian Walton**

Luas at night **Jenny Rubesamen**

Dublin **Jarek Matla**

ROCK
STRADHILL
JAZZ
GUITAR
FRI SEP 30
SUN OCT 2
FESTIVAL
TRAD
CLASSICAL
WORKSHOPS SAT-SUN

4011

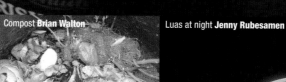

...dre O'Meara

Hangover Cure **Tom Doyle**

O'Connell Bridge **Dave Collins**

Eating out **Dave Collins**

Paddle of the Boyne **Dave Conachy**

...shoes

Phone box

...ers session **Shane O'Connor**

Parliament Street **Dave Collins**

...Days to Xmas

An Irish meal out **Rory Casey**

It could be me **Gary**

...e for Tea **Damien O'Sullivan**

Crane Fly Attacks Bulldozer **Tom Tierney**

Insight **Damien O'Sullivan**

Hangover Cure? **Jonathan Hill**

Lunch **Emily Doran**

A Lovers' Dance **Patrick O'Riordan**

Kiss

Young Love **Chris Reilly**

Morning Baby **Sandra Holmes**

Lucy's Tooth Fell Out Today

I Got The Biggest! **Carol Ann Carrigan**

Cheese **Louise Geary**

David Conn

...ere must be something to eat in there... **Ross McEntegart**

Jess Shiels

If You Go Down To The Woods Today **Bob Wilson**

...il Paul

Theo's Bath Time **Fabrice Robin**

...y Cheese! **Maggie Hyland**

It's Never Too Cold For Ice Cream **Ronan Brady**

Horsing Around **Peter O'Toole**

10/01/2005

Future Rebels **Kieran O'Callaghan**

...rybody **Sorcha Brophy**

God Rays **Aoife Flynn**

Last Orders **Aoife Flynn**

Pride of Munster **Stephanie Schmid**

Pick'n'Mix **Stephanie Schmid**

...hey Believe It's October ...m Bowles

Hogan's 4pm **Dermot Heasilp**

Karaoke Night, Davy Gary's House Warming

Midnight Gearbox Change **Rob Coleman**

Drunk on long walk home after pub

...court Street **Antóin Lawlor**

Hey Mr DJ? **David Dickens**

Man Or Woman? **David Dickens**

3 Brothers And A Wedding **Andy**

David Conn

...i miles **Audrey Henry**

Light and Day **Barry Geraghty**

Guinness sandwich **Barbara McShane**

Barbara McShane

Graffiti **Frank Crowley**

...rt of Gold **Barry Thornton**

The Thing! **Barry Thornton**

Thomond Bridge **James Greenslade**

Dib Dib Dib **Johnny Hancox**

Night Night... No Way! **Majella Power**

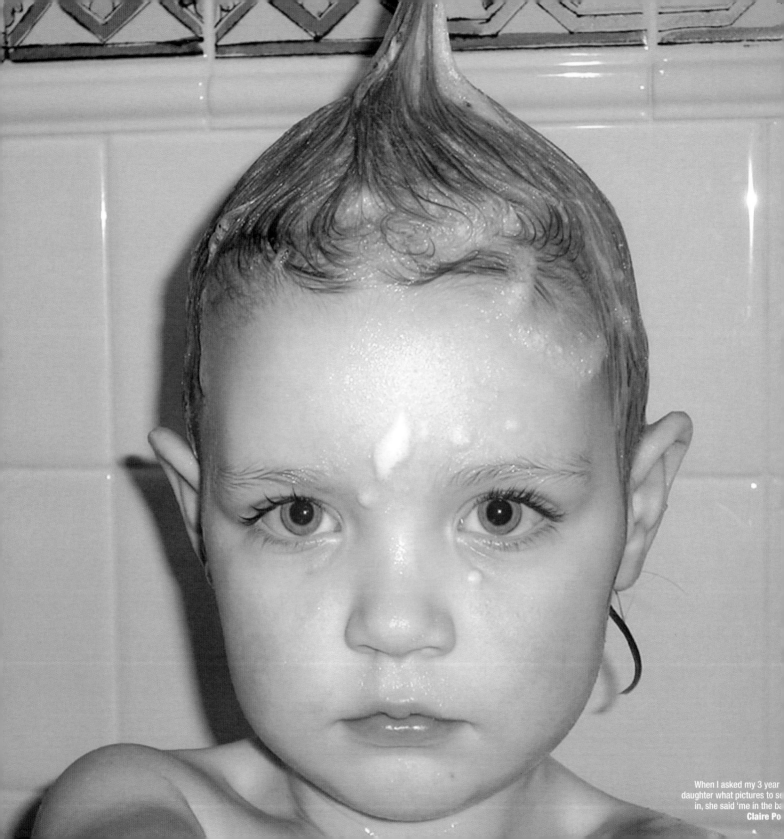

When I asked my 3 year
daughter what pictures to s[...]
in, she said 'me in the b[...]
Claire Po[...]

Feeding the Swans at Bray Harbour **Seamus Nichols**

Lazin On A Sunny Afternoon **Ray Hunt**

n's Best Friend **Mary Dullaghan**

Gearoid Lacey

uld That Fecker Move? **Audrey Nealon**

Poser! **Lauren Doran**

Cyril Lavelle

Directions **Jarek Matla**

Shadow Man **John Moriarty**

All My Cents **John Moriarty**

Better Days **Paul Judge**

Don't Ask!

Here lies Arthur Guinness
Michelle Hurson

FRESH MEATS

Fresh Meats **Diana Bonfilio**

Vantastic Home **David Clynch**

Lara and her dog **Dawn McClean**

My Morning Muffin **Dawn McClean**

Session in O'Flaherty's **Noranne Scott**

Wedding

Lunch

Getting Ready

The Men of Tomorrow **Colette Murph**

Walking around the cliffs at Bundoran
Saturday evening, we had great crack
trying to get a few nice ones before the
light faded **Pierre**

Aidan McCarthy

My mum is driving me mad

of The Devil's Ladder **Noel Dunne**

Driving by a Dog **Nigel Thompson**

And when you're smiling **Bob Wilson**

Time to Rise **Robbie**

Mark Devlin

furl **Paul Judge**

We're Not Getting There **Rory Casey**

Fishing on the Foyle **Aidan O'Kane**

Bowl of Coddle **Paul Judge**

Mark Devlin

a a deal on the oranges

Nice day for a ride **Jason Andreoli**

Oh Happy Days **Mike Duggan**

Kite Surfing **Kieran Phelan**

My Dublin **Larry Hoey**

& Molly **Philip McCormack**

Paddy leaving home **Philip McCormack**

Sunset **Mary McLoughlin**

Homegrown **Padraig O Griofa**

Donncha O'Caoimh

Like Father Like Son **Dermot Culhane**

Soul Mates

Jump! **Darren Fitzpatrick**

Jump! **Paul O'Hare**

How to be a Tigger **Lavinia Callaly**

Auntie Lin takes over the bouncing castle **Niamh Ronan**

ove Limerick!

Early Morning Rush

Hour In Monaghan

Ryan Whalley

I'd give anything for a beef sandwich **Kevin Mullen**   **Donncha O'Caoimh**

Late Night Shopping **Sophrina Merrigan**   What goes up, must come down **Oonagh O'Loughlin**

PS2-aholics **Rory Casey**

Winning Pot **Derville Conroy**

ing on Grafton Street

My Housemate Annette **Shelley Corcoran**

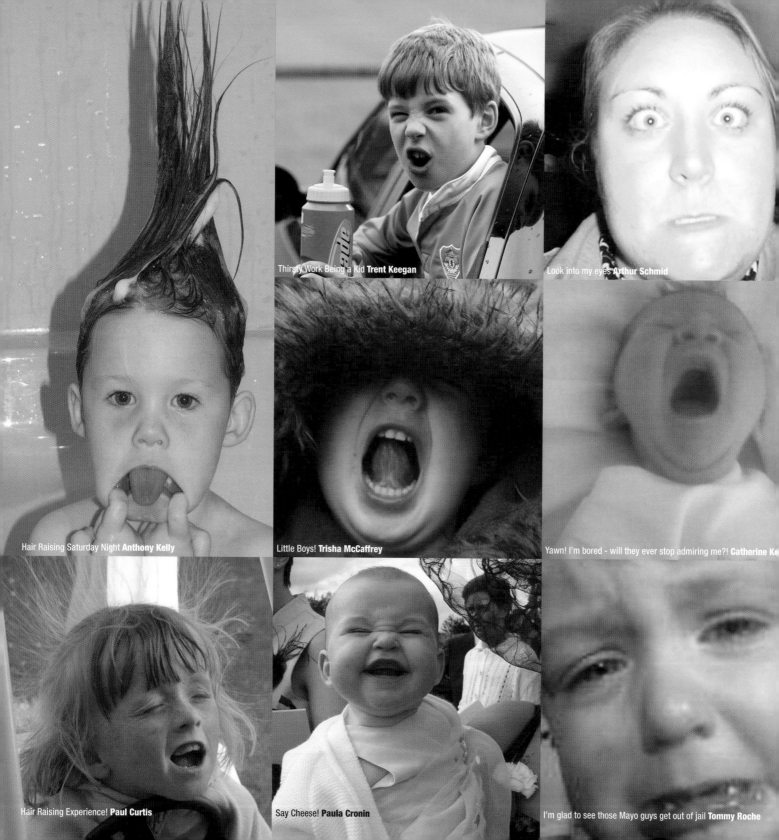

Thirsty Work Being a Kid **Trent Keegan**

Look into my eyes **Arthur Schmid**

Hair Raising Saturday Night **Anthony Kelly**

Little Boys! **Trisha McCaffrey**

Yawn! I'm bored - will they ever stop admiring me?! **Catherine Ke**

Hair Raising Experience! **Paul Curtis**

Say Cheese! **Paula Cronin**

I'm glad to see those Mayo guys get out of jail **Tommy Roche**

Are we there yet?

All Ireland Women's Football, Naomh Mearnog GA
Mick O

e Spire
ck O'Shea

This Pageboy job takes a lot of concentration **Mary Browne**

Dominic **John Reidy**

Proud to be Irish **Thomas Small**

Altar Boy **Pat Nolan**

On the Night Shift **Lar Gilmartin**

Look, a deer! **Michael Flynn**

What, Where, When, Ray Who?
The Scream **Andrew Cahill**

Punk! **Barbara McShane**

No Way Back **Andrew Cahill**

This is a pigeon I found lost on the road this morning. I rescued it and brought it for a spin in the car. By the time I got home it was well rested and probably lost too. The dog attacked it and then it flew off. **Trevor in Waterford**

Digging Holes **Emma Power**

Wolfhill, Laois **Sheila McCarthy**

Birthday Celebrations **Jim Manning**

Lola Rose **Keith**

Proud To Be Irish
Diesel
Diosal 112·9
Unleaded
Gan Luaidhe 119·9
Shop

carberry, Cork **Eoin O'Riordan**

Wannabe Ray **Jonathan Lyons**

Greystones Harbour **Joe Carty**

Ladies Go Carting **Karen Halford**

Red Sky, Oldcastle **Kate Mulligan**

o Diva Oscar **Elaine**

Girls in Cork City **Claire Spillane**

My Furry Friends **Kate Mulligan**

an Dillon **Karl Dillon**

Jack Daniels Please **Paul Wright**

Busker **Karen O'Regan**

Silly Daddy **Michelle O'Neill**

Kilkenny Skyline **Karl Dillon**

Best Mates **Katie Fitzsimons**

It's Hard Being Me **Kathryn Briggs**

2 Horse Lawn Mowers **Kathleen Quain**

Saturday Appointment **Lucia Mullerova**

Bad Hair Day **Trish Conlon**

The Director's Cut **Olivia O'Sullivan**

Ollie Gets a Haircut, Dunboyne **Sarah Carroll**

First Dance **Declan & Anne Tracy**

...dding Convoy **Joe Carroll**

Our Conor And Lizanne

Pat Nolan

...al March **Brendan Gleeson**

Concentration! Cushinstown **James Stafford**

No Turning Back **Damien O'Sullivan**

Can You Feel The Love Tonigh
Denis Dun

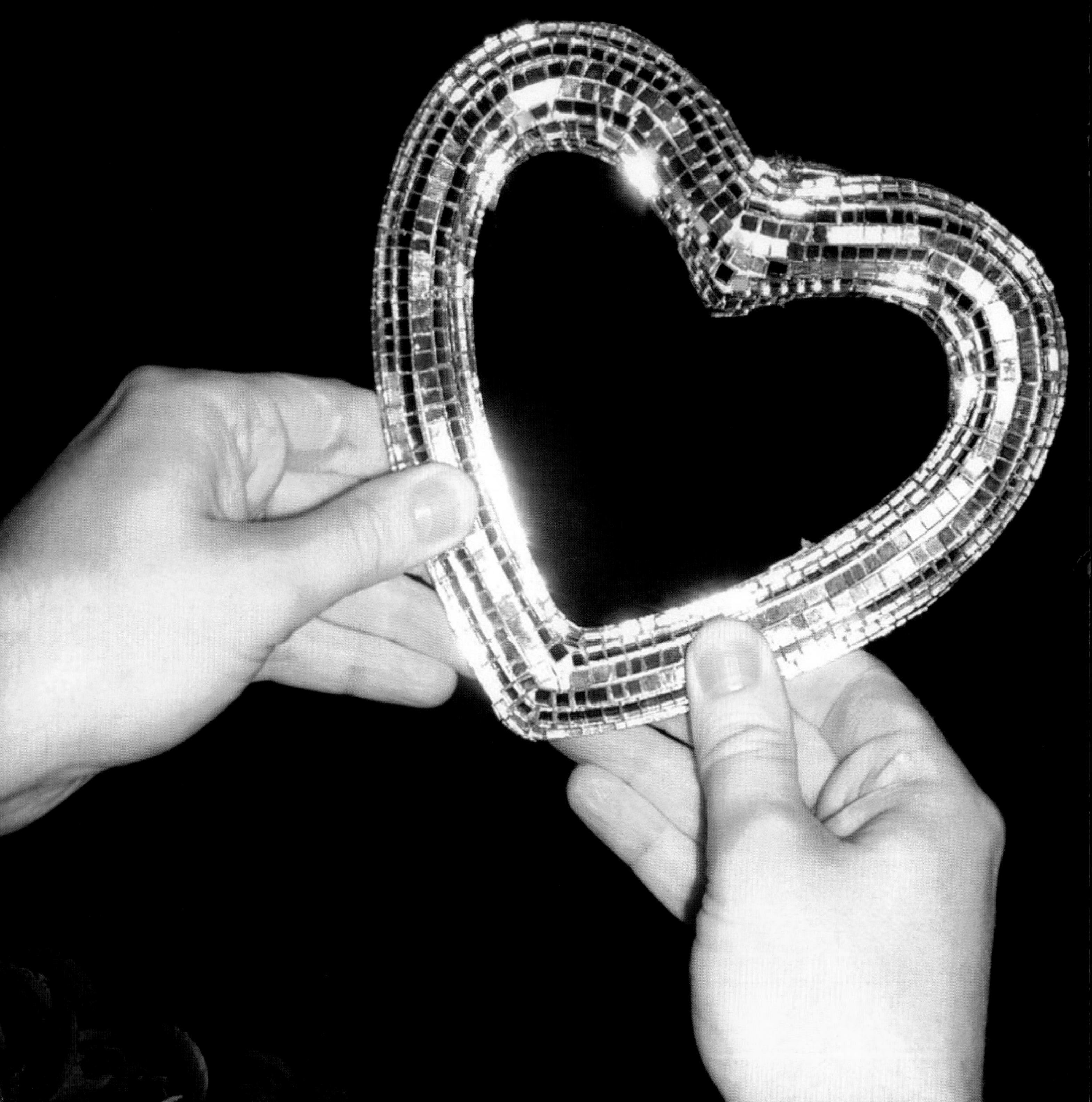

The card said 'Martina... I love you... from Graham'.
Graham Norris, Martina Corbett will forever love you...

Donegal Palm Tree **Michael Byrne**

Walk to St. Patrick's Well in Wellies

Famine Bridge, Leitrim **Wanda Hanrahan**

Dalkey Island **Áine Shankill**

What was that? **Sandra Holmes**

Get Out Of My Way! **Mary Ita Boyle**

Sarsfield Barracks **Don Moloney**

Must Back Up The Light **Mark O'Donohoe**

I love my sister **Dearbhla Mooney**

Hands of Time **Dearbhla Mooney**

Mick O'Shea

What are you lookin at? **Declan Faughnan**

Flowers in Bloom **Deirdre O'Neill**

The back arse of Ireland **Deirdre O'Neill**

Train!

Spot the Seal **Kim Morris**

Johnny & Willard **Margaret Dixon**

New use for the old loo **Declan Faughnan**

Best Friends **Elaine Donovan**

The Wedding **Elaine Donovan**

Taking Off **Richard Molloy**

Jack Lynch Tunnel Vision

Where are the flowers? **The Keleghens**

That was one hell of a fly

and Perky **Sandra Holmes**

Blackberry Face

Crows Over The Boyne

Sand Storm on Inch Island **Noranne Scott**

he Curragh **Denise Stapleton**

Next Stop **Declan Brehony**

Tyrone The Champs **Deirdre O Hanlon**

Keeping Fit In The Rain **Dee Dunne**

Our Rooney **Nicholas** Tarrant

me Drink **Dawn McClean**

I Didn't Have The Bottle **Marie Nolan**

Jack and Jill went up the hill **Marie Nolan**

I Wish, I Wish **Fergal Byrne**

I lost my first tooth tonight

rts **Derek Reilly**

She is All Mine **Derek Farrell**

I'll sleep if I want to **Denise Cullen**

Leaving North Wall **Denise Moore**

Victory! **John Power**

et Over Cork City **Martin Tuomey**

Chase Me! **Shauneen Armstrong**

Who's The Daddy? **Lisa Charles**

Cranes **Lisa Charles**

Hard At It **Nigel**

Nice Day To Be Born **Stephanie Heeran**

Bringing it All Back Home **Declan Brehony**

Up To Here In It **Blanche Greenan**

Anything in my way? **Una Manicle**

Digging Potatoes **Lorraine**

Cow Time for JT **Pat O'Keeffe**

Potato Digging **Gerard Hannon**

My Uncle Frank **Gareth Murphy**

inasloe Horse Fair **Valerie O'Sullivan**

Preparation **Raymond Fe**

Sarah Gets Ready **Niall Fee**

Deirdre **Katie Fitzsimons**

The Saturday Night Mess! **Niamh Kelly-Smith**

Adopt A Sheep **Tom Walsh**

Evan Rocks at 2 **Michelle Kenny**

Marcus Doran

Connemara **Marcus Donnellan**

Winter has good points too **Ellen Ca**

Colin O'Brien

Boyne Bridge **Robert Storey**

Lilly's Drag **Kevin Mullin**

Spot The Deer! **Ray O'Neill**

Christchurch **Anke Struve**

Surfing the Sea

Gates to Heaven **Marie Nolan**

Uncle Peter **Ray Lynn**

Dad's New Bodywarmer **John McKay**

The station **Martin Warde**

Emma Carey **Joe Langan**

On the Swings **Joe Langan**

Baby Ciaran **Joanne Gorman**

18 Turns, One Direction **John O'Leary**

Cliodhna Brennan

Thumbs Up Ray **Mark Harrington**

Hello Goodbye **Martin Boers**

Dirty Linen **Kevin Lynch**

TESCO Christmas Classic Pudding with cider and sherry

...mas Before Halloween ...Miller

Mary Cronin

Scary Movie **Mark Harrington**

Scary Movie 2

Scary Movie 3

...g Walkies **Mike Duggan**

After a Hard Day's Work **Joan O'Leary**

9 Months Pregnant **John Murphy**

Hanging Around **Anne McDonnell**

White Rocks Beach **Amy Andresen**

...n On The Docks ...opher Mehigan

LIFEGUARD

Dun Laoghaire Life Guards **Lara Newman**

Sale of the Cemetery **John Kielthy**

...g Cruise on the Canal ...ayden

Joe Hayden

Joe Whelehan

Groundhog Day **John Bowe**

Bob the Builder

Ronan Brady

...Grown **Mary Dullaghan**

Still Waters **Mary Cogan**

Ready for Kayaking **Pierce Kennedy**

Liam & Dad **John McCay**

Back of the Net!

Granny's 80th **Rachel Beatty**

Silly Hat Party **Carol Darby**

Niamh's 4th Birthday **Susan Walsh**

Maureen Moloney from Crumlin celebrating her 78th birthday

Hi Today FM.... from..

Kate

.... Simply Fairies ....
at Kate's 7th birthday

Saturday OCTOBER 1st

Fixing Lamp **Mark Hogan**

And the Sun Shone...
Declan Brehony

Michael Fairless

Directing Leinster Fans **Dave Collins**

Irish Time Travel

Milo & Granny O'Reilly **Mairin O'Reilly**   Michelle and Grandma

Just The One   Torc Mountain, Killarney National Park **Maria Finn**

2005/10

Garda Ben O'Gorman and Fireman Sam O'Gorman, four and half year old twins from Walkinstown in Dublin, discuss ways of keeping the nation safe from fire and theft. It's good to know our safety is in the hands of such reliable, dedicated and hard-working professionals...

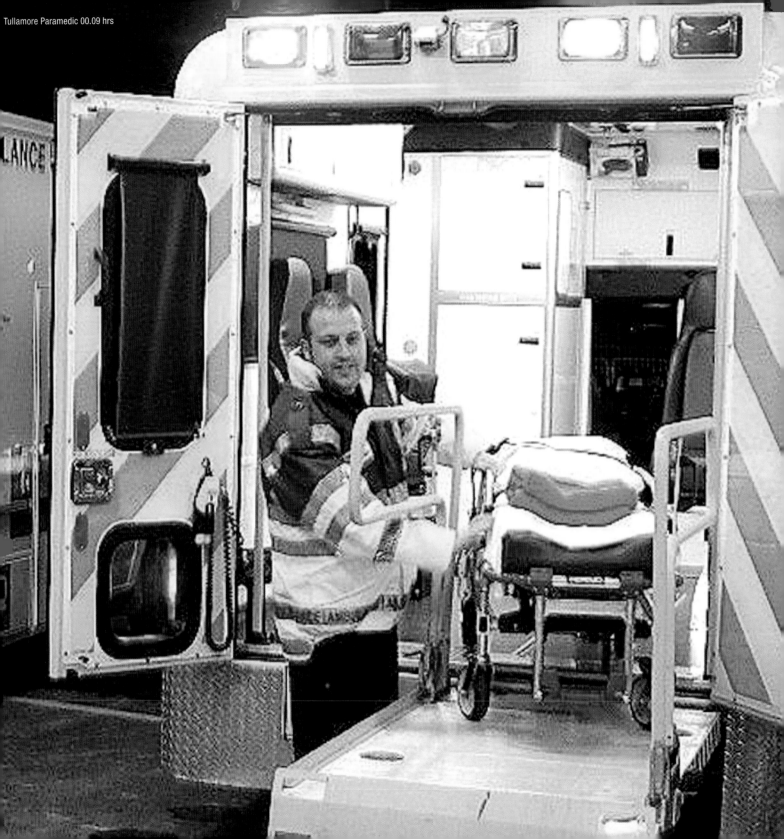

Our Lady's Firemen **Cristin Larkin**

Tallaght Hospital **Oonagh Ryan**

Alan And Mick, Portlaoise

Standing Down Of The Flags Parade **Don Moloney**

Sarsfield Barracks **Don Moloney**

Patrick in Theatre, Beaumont

A Day In The Life Of Us **Christina Murphy** & **Kieron O'Rielly**

Boys On Their 2 Wheeled
Gillian Lee

No Cameras! Assimowu O Shittu

Vince at 'An Brog' **Monica Ambrose**

Brothers of Charity **Dee O' Reilly**

A Face Of Breast Cancer **Róisín O'Hagan**

Where's The Tea Pot? **Noel Crowley**

What's on at the Savoy?
Louise Madden

Sweet Dreams **Anne-Marie Toomey**

Nearly Home **Lucia Mullerova**

Like A Bus In The Night **Louise Conn**

One Man And His Dog **Darren Kinsella**

David Walsh

Brown Bread **Anne-Marie Toomey**

Overlooking Dromoland **Louise Madden**

Smile **Owen McDonnell**

Grandad's Dessert **Padraig O Griofa**

Quiet Time **Aoife O'Leary**

Rustic Chair **Linela Fitzsimons**

The Blackwater **Mary Fennessy**

Ha'penny Heaven **Oonagh O'Loughlin**

Adrian & Shane

The Bag Lady **Michael Forde**

Adrian & Shane

ber Leaves **Louise Connolly**

Aunty Terry **Fiona Stokes**

key Enlightenment **Liam Kidney**

Storm Clouds At Sea, Dun Laoghaire

een a Mad 2 Years **Liam Maher**

Eleanor Fitzgerald

Mike Hayes **Helen Devitt**

ketcases **Linela Fitzsimons**

Street Cred **Brendan Lawlor**

Tree Hugging **Keith Johnston**

Making Apple Tarts **Eimear Bourke**

A Time and a Place **Mary Coleman**

Appreciating Each Other **Assimowu O Shittu**

Yer A Grass Man **Adrian Phelan**

Bananas and Buttons **Aoife O'Brien**

inging from a Tree **Kieran Coghlan**

Playful Innocence **Sean**

I'll Catch You **Richard Cuddy**

t Hanging Around **Caitriona Dunne**

Street Tennis **Dave Wyer**

Barracks Street tailor, Mamie O'Sullivan. The photograph behind is her mother and daughter taken about 20 years ago in Youghal.
Diane O'Reilly

My mum Maura with
her portrait by Paul.
Aine Quirke

Sign of the Times... **Lorraine Farrell**

Six Symbols at Sunset **Barbara Lindberg**

Rossport March **Linda O'Connell**

Gavin O'Connor

Whistler on the Roof **Lesley McClos**

Photographers **Keith Millin**

Old Man Walking **Keith Millin**

It Always Rains On Match Day **Colm Lane**

Toilet Training

Liam 'The Man' **Denis Walsh**

Dana and Fiona **Stephen Cooling**

Early Birds **Janet Caffrey**

GAA Young Ladies **Julie Brannigan**

The Looking Glass **Cathy Lawlor**

Lighthouse by Night **Cathy Lawlor**

Pot of Gold **Alan Duffy**

Sheila Knitting **Stephen Cooling**

Liam & Cait

Guiding Us Home **Colm Colohan**

Tramore Beach **Ron Swanson**

Back Garden **Cynthia Ensins Gardner**

The Circus Came To Town **Caitriona Collopy**

My Sweet Ellie **Eamonn Boyce**

...ner of Light **Liam Lane**

Too Cute! **Linda McGarry**

A Model Father **Aisling Colreavy**

Leaning **Len Browne**

Time to Hibernate **Carol Ann Carrigan**

...ad's Little Girl **Elaine**

Last of the Summer Fun **Marianne Fox**

Benbulbin **Aisling Colreavy**

Mobiles Will Not Be Forgiven **Leah Beggs**

Home for the Weekend **Rosemary Rynhart**

...Winning Team **Julie Brannigan**

Ring of Fire **John Moriarty**

Posers! **Ashley Lowry**

...irls Don't Cry **Brendan Mullins**

Stephen Cooling

Gardening Wedding cake **Michael O'Flanagan**

Pouring The Floors Of My House **Michael Lawlor**

Ruby's Lego Sculpture **Bláighnid McElroy**

Graffiti **Louise**

Christopher Mehigan

Slish Wood **Ciara Layden**

Gerry Glynn

An Apple a Day **Killian Brennan**

Autumnal Sumac **Patricia Fay**

s is Larry O'Neill and his mother
hleen (my grandmother). She's in
old folks home with alzheimers.
e days she remembers him and
e days she doesn't. Today she did!
ne O'Neill

01.10.200

Trains, Cranes and Automobiles **Damien McK**

in's Port Tunnel **George Mongey**

Colum Burke

Behind Every Woman...
Killian Brennan

Girls Night In! **Mark**

Dynamo Gym Club
Diane Middleton

Bird In A Cage **Graham Coffey**

Not Everyone's A GAA Head
David Coleman

Licence 2 Clean! **Deirdre**

Nicky the Bricky

Stag **Daragh Byrne**

Sky-In Sand **Diana Bonfilio**

Pixie **Donal McGoey**

The Water Cycle! **Yvonne Daly**

FCA to RDF **Damian Schmid**

Saturday is sleep-in day in the leab

Hugh McMonagle

Sunset **Eddie Hoyne**

Red Ivy **Eddie Hoyne**

Exit Us **Derek Doyle**

Seán & Kara Halpin **Stephen Halpi**

Westport **Mark Hurley**

Westport **Ruth Hurley**

Here is my photo of Oct 1st 2005. We
were in New York doing the Avon Walk
for Breast Cancer. **Ann O'Reilly**

The fall puts a spring in my step! **Ian Fraser**

A Cork Rainbow **Ian Dorgan**

At Work **Graham Coffey**

No.1 Mum **Louise Ryan**

Trinity Graduation **Michelle Crowley**

Walk of Life **Warren Kiernan**

House of Bin Liners **Warren Kiernan**

Less Of That Tongue! **Conor Toomey**

Magic Road **Conor Keatings**

Abby Says Hi **Colm Ward**

Me and Jim Corr **Eimear**

...hing Surfers **Damien Power**

Smooth Water **Damien O'Brien**

Bahamas? **Darren Fitzpatrick**

Protecting Our Future **Darren Hill**

Havin' Fun **Dave Mulholland**

...tia Island **David Creedon**

David Conn

Gypsy Busker **Cristin Larkin**

Dan New

How's she cuttin? **Dan New**

Metal Melters **Ian Pollock**

Killarney National Park **Fergus Cronin**

Blackberries **Ita Lumsden-Ly**

Kilkenny Castle **Benny Power**

Bored Stiff **Christine Pedersen O'Flynn**

This is Robert Ward celebrating his 50th birthday last Saturday night in Pitcher's Restaurant and Golf Club in Derry. Robert is Downs Syndrome and was joined by his brothers, sisters, nephews, nieces, cousins and friends. Robert (A very special rocker) is doing his John Travolta impression.
Denis Ward

I don't think any book on Irish photography could be complete without a photo of the lovely Glen Hansard. I couldn't get Glen in person so I did the next best thing. I took a photo of a photo of Glen. The original photo was taken by Helen O'Driscoll, (she of the famous collapsable bin). The Frames were playing in Shepherd's Bush and she asked to be their photographer on the night. She framed and gave me one of those photos which sits proudly on my window sill. I sat there on Saturday morning looking out at the rain wondering what to photograph and there was Glen staring back at me.
Gwen Devins and **Helen O'Driscoll.**

photo was taken at my 30th
...nday fancy dress party (a V theme)
...ctober 1st approx. 11:00 pm.
...py Birthday Vinny.
...ent **Corrigan**

Real Capital Choice **Claire O'Rorke**

Snapping **Denis Hyland**

Looking For Hope **Niall Carrol**

Glengesh Pass, County Donegal **Ilana Krepchi**

Fountain of Youth **Niall Carroll**

Me as Shrek **Caroline Moore**

Kids n Cats **Grainne Kelly**

Match Card **Dick Redmond**

Mam and Dad's Anniversary **Paul Dougal**

Stephanie in Specsavers **Paul Heaslip**

The Fairy Tree **Patricia Moran**

Waste **Jim Leonard**

People Before Profit **Jim Leonard**

Knitting **Jim Leonard**

Josh and Michael weather the storm **James O Keeffe**

Mum & Dad's 40th Anniversary **James Sugrue**

John Peel **Niamh O'Carolan**

Change Of Plan... Long Walk Home **Alison Baker Kerrigan**   One Of The Last **Rosemary Ryan**

Claire O'Rorke   Smile for Ray! **David James Russell**

Saturday Night Takeaway **Damien O'Sullivan**

...zie And Her Nana **T. Horgan**

Confession Bell

NO CONFESSIONS, 1-2.30

Please Ring

And All Will Be Forgiven **Marie Nolan**

Forbidden!
Interdit!
Prohibido!

But Ray said we could! **Karen Flanagan**

Sorry
We Are
Closing Early
Because
Some
Problem

McDonalds Management

Brian Mulholland

MAJOR
ROAD
WORKS

The Country We Live In **Leo Whelan**

PRIVATE
PROPERTY
STRICTLY NO
TRESPASSING

Signs mean nothing to Nia

LOVE YOU LO
IKE JELLY TO

35cm
Cock
WAS €14.95
NOW €7.50

Bargain in Cork **Mandy**

NOTICE

Occupiers Liability Act 1995

IF YOU PASS
BEYOND THIS POINT
YOU ARE ON A FARM

TAKE NOTICE THAT
THE OCCUPIER OF THIS FARM

given the nature, character and activities of these premises
hereby, in accordance with section 5(2) of the Occupiers Liability Act, 199

EXCLUDES THE DUTY OF CAF
TOWARDS VISITORS

Under section 3 of that Act.

Ireland Of The Welcomes
Paul O'Neill

UTHORISED ENTRY IS

Typical, just after getting the hair s...
Roisin McAlp...

Connor 1, Henry 84

Tom the Bookworm **Gearoid Lacey**

Menlo Post Box **Karen McGuire**

Fran Kane

Mine's Bigger **Rory Sheehan**

Grange Beach **Naomi Kelly**

Sunset **Joe Carey**

You can lead a Horse to water **Joe Carey**

The future of Ireland **Peter Mandal**

Double Time Smiles! **Glen Lynch**

Direct to London? **John Roche**

Michael R Anthony

Almost there **Neil Sutton**

Call the tooth fairies

New move

Car Ticket **Nicole McGuigan**

Ignoring The Kegs **Nick Delany**

Kwon-Do School **Floyd Keane**

My Hot & Warm Fire! **Lorraine Flynn**

The Boys **Adrian Flynn**

Oriental Gate, Waterford **Gayl Kennedy**

'Neill

Finding It Hard To Focus **Gareth Brennan**

k & Zoubir

Michael Fairless

r says Hello

Oompa loompa do pa de doo! **Karen Gallagher**

Yellow Rose of Leixlip **Sandra Dunne**

t Do It Yourself! **Niamh O'Halloran**

Lidl **Nicole McGuigan**

Sunrise over Dun Laoghaire **Nigel Hanlon**

Pointless **Lorraine O'Hara, Mayo**

Fun in the Sun **Tom Leonard**

Today is a big day in our house. My husband Donal is 40 today and our little 3 year old girl, Aimee, is ten weeks post kidney transplant - the kidney was donated by her Dad. Both recovering and doing well. **Michelle**

Week old Ava Gowan from St. Luke's, Cork has her hand held by her father John. John is a master coffee roaster whose hands have been burned from years handling hot coffee beans. **Michael MacSweeney**

Little Angel Emma **Sarah Cullen**

I Need My Bed **Thomas Slattery**

Snore Queen **Audrey Treacy**

Morning Sexy! **Gerard Harris**

Morning Mum! **Dawn McClean**

Rasta Baby **Steve O'Toole**

Conor Toomey

My World In My Arms

ttle Rest **Laura B**

And So To Sleep **Niamh O'Donovan**

Bedtime **Paul Williams**

, Aoife and Padraic and Dad, Will

John and Emma

Land Of Nod **Billy Reidy**

Fermoy "Morning!" **Gerard Harris**

Sleeping Beauty

Super Son, Danny **Simon O'Connor**

Spiderman Paul Kelly

Superman Ronan O'Donoghue

My Hero's Declan Doyle

Double Birthday **Michael R. Anthony**

Paul Murray

Butterfly **Richeal Ni Riordain**

Check Your Mirrors **Richeal Ni Riordain**

Sandra Mullins

Sean O'Brien

Saturday Workers **Aidan McNeice**

Ship Ahoy! **Susie Cadogan**

You lookin at me? **Marie Motherway**

On My Own **Kim Morris**

Me and us **Gav**

Padraic Sweeney

Eilish Friel

Sara **Kevin Miller**

This Is Easy **Liam Ryan**

Last of the Mushrooms **John Cannon**

Milking the cows **John O'Donovan**

Dave Reynolds

House in Dingle **Noranne Scott**

No way out **Kevin Byrne**

A Walk On The Wildside **Rosita Wolfe**

Achill Island **Brian Lynch**

Domnick Walsh

Amanda Fletcher

Scott & Nigel **Geraldine Clarke**

...hild, but a Giant **Noel Dillon**

Noel Campbell

Decaying Mushroom **Brian Walton**

August and Dimitri

Where's Me Gold?

...n The Life Of A Delivery Man ...**Ryan**

Luas at night **Leon Giblin**

Sharing A Pint **Richard Murphy**

Des Kilbane

Where Everyone Knows Your Shame

...ra Devlin

Eleanor Fitzgerald

Lady Salsa at the Gaiety **Maire Pudaite**

Night time traffic

The Godfather **Vera Cahill**

...he Onions for Winter ...rowley

What a Catch **Ken Flynn**

Kevin O'Connor

Jump **Ciara Conneely**

Working Hard **Brian Gill**

...c Casey

Jayzus, we got clamped **Sean O Meallaigh**

Feeding Time Grafton St **Michael Blighe**

Where did the sun go? **Michael Hough**

Paul Leamy

Hide and Seek **Karen Dempsey**

I'm off to my partner's mum's wedding. Maureen (79) is getting married to Michael. They used to go out years ago. They both went their separate ways back then and had their own families. But they met up again recently and today they are getting married.
Liz

Kirwan

Fairytale **Ivan Beacom**

Aisle Walk **Dee Murphy**

Kildare Wedding **Pat Nolan**

Celtic Wedding **Maria Finn**

Sharon Lane

Newlyweds **Rory Murphy**

Geraldine Nagle

Bugger! **Dave Colbert**

Guinness' Wall **Michelle Hurson**

Dancing The Mornin' Away **Michelle Hurson**

Paul Murray

Rosemary Ryan

DIY Convertible **Eadaoin Bryson**

The Smiling Cyclist **David Murtagh**

Kris Kohls

Ryan Whalley

Shrek On Tour **Roisin Noonan**

Some Head **Rob Flynn**

Chillin' Out Ibiza Style **Robbie Nugent**

Ronnie's Off His Trolley **Robert Grace**

Last Winter Raspberry **Simon Tyrrell**

Shane Mcloughney

Mush! **Shane McGorry**

Bridge **Shauneen Armstrong**

Noel & Charlie **John Holden**

After Mass **Seamus McVeigh**

Lunch in the woods **Steve McNally**

...lers in the park **David Murtagh**

Keeping Watch

Kerry Windsurfing **Domnick Walsh**

Len Browne

Mary Cronin

...r **Richard Lyons**

Homecoming **Ger Heffernan**

Molestin' Molly **Elaine Murphy**

Pub for Lunch **Elaine Ralph**

Ella Delanty

...help from my friends **Sarah White**

Scouts camping in the cold **Padraig O'Brien**

Having a Ball **Deirdre Roche**

O'Connell Bridge **Siobhan Duran**

Tom Spillane

...n Leaves Over River ...s Master...on

Rock Family

2 for the price of 1 **Sandra Holmes**

Nature showing off **Darren Cassidy**

Progress **Siobhan Duran**

...Francis

Ciaran emerges from slumber **Steve McNally**

Fish'n'Chip Dinner **Tady Walsh**

Quality time with Ray D'Arcy **Steven Harford**

Kilkenny Gospel Choir **Tom Brett**

Donal Mullins

Malin Head **Niall McLoughlin**

Lawrence Wheeler

Eilish Friel

This photo is of a ball of butter/cheese which was unearthed in Derryville bog in Templetuohy, Co. Tipperary on Saturday 1st October 2005. I snapped this piece of history at 10am. My father was with me as he brought my attention to it. As I am writing to you a lady has been on the phone to me from the National museum, to make arrangements to meet me to take the piece for testing and to display it in the National Museum in Dublin. **James Kiely**

My mum, Brigid and dad, Pudsy (no, mum isnt hung over, she's tee-total) **John Devlin**

My wee brother Enda, and if you look really closely you'll see his pup Charlie, who I drove over last week, so he is nursing him with a broken pelvis. (the pup that is not Enda) **John Devlin**

Our Baby **Iain and Frances Kinehan** The Future **Anita Hooper**

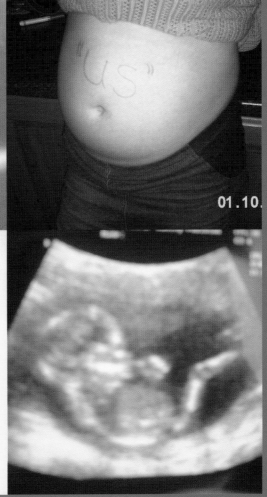

"US"

01.10.

Finghin ODriscoll Another Shot of Danny **David Robinson**

Sleepy Head **Robert Burke**

Five for Fifty **Robert Burke**

We Can Win This One **Philip Brennan**

Swimming in Lahinch

Jellyfish **Shane Murphy**

Raining Again **Michael Gannon**

Hanging Around **Jenny Rubesamen**

Surfing Without The Parachute **Geoff Langrell**

e Romhat **Helen Gleeson**

Christening **Sean Murphy**

Kieran Kenneally

Afternoon Play **Kim Morris**

t Stop America **Lorraine**

My Friend Evelyn McNamara **Shelley Corcoran**

Lorraine McElgunn

"Us!"

Last Orders **Carol Ann**

October **Michelle Coffey**

Making Music at the National Concert Hall **Rosita Wolfe**

Tallaght Hospital **Oonagh Ryan**

The Crew **Pat Balfe**

Ray Snr. Home from Rehab **Mary D'Arcy**

A Woman's Work Is Never Done **Assimowu O Shittu**

The Correct Exposure **Brian O'Reilly**

Zulu **Nico Bartsch**

Concrete Jungle **Marty Mil**

◄ Dog It's The Weekend! **Helen O' Keeffe**

Oops I'm In Trouble Now! **John Sheedy**

Poker Party **Shirley Morrissey**

Michael Blighe

Simon

In The Local **Shauna Brady**

Ray Kelly

Inchydoney Birds **Keith Millin**

Just Hanging Around **Caitriona Du**

West Cork Sunset **Keith Millin**

Haircut No. 1 **Sile de Burca**

Aidan O'Kane

Same Auld Dublin **Karen McGeough**

Burren Coast **Jim Hamilton**

May I Borrow Your Brolly? **Conor Ryan**

Joint Sentiment **Colm Duffy**

Cork **Donncha O'Caoimh**

es Wims

Anyone Seen My Shoes? **Jamie Wood**

Mission Alive - Celebrating Our Diversity
Fady Abdulahad

Who Needs A Mobile? **Peter Garry**

Cork Cityscape **Claire O'Rorke**

Long Way from Lithuania to here

Walking On Air **Karen Flanagan**

raffic Is Only Mad! **Maurice Reidy**

Fabrice Robin

dre O'Meara

Haircut No. 2 **Sile de Burca**

You Lookin At Me? **Alan Littlewood**

Sundays are for **Brendan Fitzpatrick**

Show us your teeth **Bob Wilson**

Froze me bollix off takin this!
George Furley

Denis Ward

Jordan's New House! **Sandra Dunne**

Sexy Dancer **Ross McDonnell**

I'm Not Looking **Gavin Blake**

Graham Coffey

Laura and Stuart, Bray Promen

...doran Surf **Aidan Browne**

Anticipation **Sorcha Sheey**

...er Bracken

Dun Laoghaire **Kieran Phelan**

John Strand

...ing On, Sligo

Riding The Waves On Safina **Willy Kearney**

Ryan Whalley

Watercolour **James Guerin**

Shop Street, Drogheda

Dun Laoghaire In The Morning **Chris Nolan**

Eoin Rafter

Wexford Dusk **David Chamberlain**

Newbridge Skyline **Eoin Bateson**

Lake Near Sally Gap **Marcus McMahon**

Ancient and Modern **Brendan Fitzpatrick**

Sea Foam, Enniscrone **Derville Conroy**

Galway Bay towards Clare **Gearoid Lacey**

Mallow **Damien O'Sullivan**

Deirdre Langan

Bruised October Sky **Darren McGough**

r Bracken

Grange Beach **Naomi Kelly**

Dreams Afloat **Colm Duffy**

e Bloom **Edward Burke**

Darren Fitzpatrick

Eoin Rafter

oramic Waterford **Anthony Kelly**

re Beach, Co. Clare **John Potter**

Liffey at Dawn **David Moulton**

Mighty Atlantic, Cork **Michael Hanlon**

ow **Avril Jones**

Looking Up **Deirdre Langan**

Eoin Rafter

Paddy and Conkers in Sligo **Caroline Hennessy**

Conkerers! **Frank O'Brien**

nkers Conkers **Niall O'Donovan**

Conker Fight **Darren McNamara**

Look Mum I Found A Conker! **Lisa Mitchell**

Sleepy **Richard Warner**

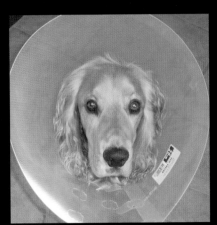

Ruff! **John Fenelon**

Muggins the Cat **Richard Warner**

Praying 'Neath A Fairy Tree **Conor McGlynn**

Early Morning Drive **Sinéad Cahalan**

Travelling **Annette Christensen**

Deirdre Ni Luasaigh

Tongue & Cheek **Ronan Connaughton**

They Were Delicious! **Mark O'Donohoe**

Surf Time **Mark O'Donohoe**

A Place, A Date, A Time **Feilim Henry**

GLENULL N
1/10/05
6.25 PM

Walter Conboy **Paul Cunningham**

Posed! **Orla Cleary**

Climbing in UCD **Jenny Rubesamen**

Jenny Rubesamen

The Mussel Man **John Bociek**

Phoenix Park Jog **Jim Leonard**

Everybody Has One **Brendan Fitzpa**

Interchange **Cariona Tuite**

Just Off The Tree **Jerome Rafferty**

My Beautiful Car **Derek Reilly**

Getting Home At Dawn **Ronan McLoughlin**

Mark and Matthew **Fiona Kelliher**

...agh doing his funny face

...ugh The Arch **Oonagh O'Loughlin**

Hedgerow Rose **Liam Ahern**

Jim Roche **Kevin Byrne**

...agh's Bedtime Bottle **Ruth O'Leary**

Fire Halo Killiney **Pamela Halton**

...en & Shane

Match Time **Peter Daly**

Wipeout **Peter Roddy**

...SE DO NOT WALK UNDER BARRIER

My Lips Are Sealed **Julie McCarthy**

Keith **Jim Power**

It **Ciara Hanamy**

Smiley Face, Dark Clouds, Blue Sky **Stephen Mulligan**

Chicken Licken, The Sky Has Fallen **Catherine Moylan**

Friends **Niall O'Donovan**

Heads Together **Gerry Glynn**

Mates **Katie Fitzsimons**

Bus Shelter Kiss **Darren Kinsella**

First View of Connemara **John Doyle**

Back of the bus on the 77 **Liam Urell**

Happy Out

Boy on Luas **Tady Walsh**

Off to Sligo **Michael Fairless**

Luas Home **Tady Walsh**

Shauna, Becky and Robert Hold Tight **Carole Grehan**

No Post Today **Karen Demp**

Wicklow Mountains **Marcus McMahon**

Sligo U8's and U10's Soccer Teams **Paul Cunningham**

Autumn Berries **Ide Mhic Eochaga**

Wish I Had Another Hand
Gavin Blake

Donkey Work **Oisin McEntee**

Hang On In There **Lorraine Farrell**

Here It Comes **Rita Scannell**

Some People Collect Stamps **Ríona Ní Fhinn**

Sun Set **Martin Geoghan**

Last Bus Home **Fiona Reilly**

Poor Old Sods **Joan Gavin**

Mellow Yellow Window Display **Louise McKenna**

Kids Party **Owen Coyle**

The Ham Blaa **Mark**

...wing, Top to Bottom

Donncha O'Caoimh

And His Boys **Anna**

Give Us This Day Our Daily Bread

...ym Swingathon **John Bracken**

No...Not Guys n' Dolls...Bags n' Dolls! **Valerie Morrissey**

Cork **Jerry Mullins**

...ple Of The Press **Robert Staunton**

Taking The Plunge **Steve MacFeely**

Parked Trailer **Mary Walsh**

Ciara's Birthday **Paul Kirwan**

Paul Kirwan

Panto Gang **Liam Sharkey**

Saturday Arts Club **Klair Lambert**

Melissa & Tiffany Head To Head **Rosemary Killilea**

Laura's Birthday Party **Kevin Murphy**

Twins, Shay and Ben O'Neill's 1st Birthday **Pamela McCarthy**

vid Walsh

Magnificent Seven **Keith Robinson**

t's Party! **Leanne Sheridan**

Characters from Ros Na Run **Gavin Ferry**

Family Transport

ky Hooks - A Great Invention **Natasha O'Brien**

Me And The Boss!

Leo Burdock's **Tady Walsh**

Ladies and Gentlemen **Deirdre Ni Luasaigh**

Just One More... **Elaine Twomey**

Butt Bridge **Martin O'Rafferty**

Lighthouse **Tara Byrne**

Everyone Loves A Winner **Gerry Mulligan**

Trick or treat **Gerry Glynn**

Getting There **Gerry Glynn**

Pavement Artist, Dublin **Jim Leonard**

Another 10 mins, please! **Gwen Wade**

Donncha O'Caoimh

Magic **Tommy Flynn**

Airborne **Frank Glenn**

Wave For The Camera **Gar Preston**

oms Up! **Fintan Conlon**

Balancing Act **Anthony Byrne**

'Scorthy at night **Tommy Flynn**

I Know Him! **Gerardine Moloney**

Cobh **John Tarrant**

ssport Rally **Noel Campbell**

s My Hair Look Big In This?
ula McGovern

The Rock **Pat Farrell**

Tracking **Pat Brady**

Please Feed Me! **Tom Nelligan**

Must Eat One More Bite **Tom Nelligan**

My Granny's House **Shelley Corcoran**

Sunrise at South Wall **Tara Byrne**

Farmers Work Is Never Done **Colman Nolan**

Toddy **Mary Healy**

Go with the flow **Siobhan**

He's Blowin' Away **Cathal Cleary**

Postman's Day Off **Yvonne Whelan**

Will he turn into a prince? **Keith Lark**

4 in the bed and the little one said...! **Gearoid Hogan**

Garden of Remembrance **Kevin Mullen**

I Got Wet For This! **Ed Payne**

Lisdoonvarna **Liz Loftus**

CROMWELL IS BACK

GREEN PARTY

GET THE SHELL OUT OF ROSSPORT

MARRIAGES ARE MADE IN HEAVEN BUT..... MOST PEOPLE MEET IN THE MATCHMAKER BAR

MATCHMAKER

yweds **Dee Venn**

Dean's First Fish **Darren Kiely**

Would You? **Hugh O'Leary**

Downs, Westmeath **John Shanley**

On The Mend! **Sean McCrudden**

our Bubble Machine **Pamela Halton**

Cooling Down **Conor Ryan**

Car **David Phelan**

JUSTICE FOR THE ROSSPORT 5

Gearoid Hogan

Pricey Petrol **Aine Dillon**

d Villa in Spain **Christina Murphy**

Harvesting Maize

Autumn Stroll **Trish Punch**

Bacon & Cabbage **Aoife O'Leary**

This is my English springer spaniel Sam. He is mad!!! I took this photo at 11.30 today. And yes I know the grass needs cutting!!! **Paul Curtis**

ck Dee birdman **John Kelly**

The Dog Sees All! **Liam**

ow, look at her go! **Sorcha Sheehy**

Who's taking the horse to France? **Patrick Ryan**

ertie the Goldfish in the Bertie Bowl **Joe McGlynn**

Belly up! **Muireann Nic Eochagan**

Chillin Out **Michelle Hurson**

My first ever bouquet!! I've only had to wait
37 years and 11 months for this - but it
finally happened. I'm 38 in exactly a month!
Andy

Best Foot Forward **Martin Doyle**

Judgement Day **Sarah Cramer**

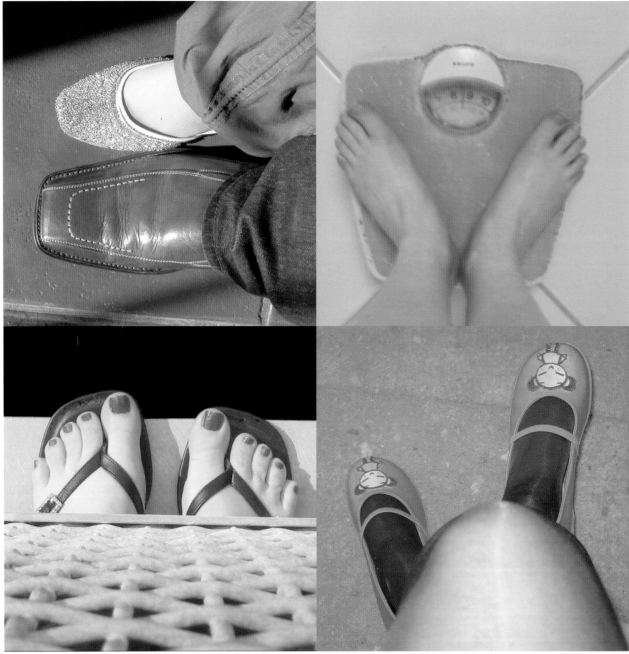

Deirdre Ni Luasaigh

Scarlet Ladies **Lorraine Murphy**

Sorrento Terrace from Killiney **Chris Nolan**

Farmhouse Fireplace **Sean Hynes**

Don't take my picture!

Card Players **Cara Aisling Augustenborg**

Getting Ready **Derville Conroy**

Shannon Bridge **Deirdre Ni Luasaigh**

Man With Shrine **Jim Leonard**

Dundrum

The Spire in the Mire **Kevin Mullen**

Jimmy Newman **Charlie Maguire**

Building On Success **Ian McCarthy**

nnelling **Aidan O'Kane**

Kiting in The Curragh **Teresa Cullen**

Terri Fitzpatrick

Allanah & John Durcan **Tom Gilboy**

Tom Gilboy

I Need Bed, Not Bread! **Jimmy Mon**

Go on, say cheese **Steve O'Toole**

Prepared for Rain **Sherry Nugent**

Victoria Murphy

Get Us Out Of Here! **Patricia Kelly**

Trina Mulryan

St Therese of Liseux Feast Day at Galway Cathedral **John Boyle**

Cowboy **Paul Judge**

Sunrise **Pat Harrison**

West Coast Fun **Pat Harrison**

Some Work, Some Watch **Donald Flanagan**

Extra Mural **Paul Donnelly**

Lovely Leitrim **Donncha Lynch**

Sharing **Donncha O'Caoimh**

Henry With Jenny On Airplane **Donal**

Taking Cyl for a Spin **Michael Doolan**

Out For A Stroll **Donal Reilly**

Bopping Round The Airport in Weston

Rush Hour in Wicklow **David Jones**

Head of the Queue **Eoghan Dempsey**

mmy Monaghan · 2005/1

Drogheda Town Centre **Terri Fitzpatrick**

Ian Tilson

And The Beat Goes On **Thomas Slattery**

These Little Piggies Eat... **Tommy Lyons**

ling High **Trent Keegan**

Skater **Tony Purcell**

Enniskillen **Tom Foster**

ul Sinclair

What's going on? **Brian Morrissey**

My Mad Mate Diarmuid O'Dowd Hill

Cork Harbour from Kitchen **Dairin O'Driscoll**

Martha Dolan

miler **Danny Martin**

Donal Mullins

Men At Work **Donal Lahiffe**

Dom Gradwell

Chatting Over Tapas **Derek O'Sullivan**

booold **Enda Fallon**

Stephen Washing Up **Elizabeth Brannigan**

Raindrops **Eddie Dignam**

Street Musicians **Eddie Nugent**

A Mini Rainbow **John Henry Donovan**

Charlie **Aine Wall**

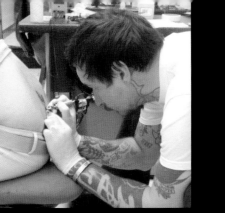

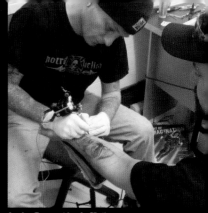

G-String Is Showing **Niall McMonagle**

One More Song **Aoife Flynn**

Martha Stundon

Amanda Fletcher

Young Pretender **Gary McGivney**

Des-Mundo Bongo **Aoife Cox**

Chica Chica Boom Boom **Aoife Cox**

A big

thanl

CAWLEY NEA\TBWA

big thank you to everyone who made this book possible - we couldn't have done it without you. We say thanks to Kathryn and Danny at Mentor books, Alistair nd Christine in Compass Ireland, Gerry at Colour Books and Liam and Rory at the Warehouse. Thanks to Dave the photographer and also to Mairead, Will, Ann, avin and Willie in Today FM, to Philip and all at Meteor, to Caroline and Penny in Childline. For their more than generous support on this project we thank all at awley Nea\TBWA including Jimmy, Helen, Vanessa, Joe and especially Claire O'Reilly and our graphic designer Dermot "Unflappable" Heaslip. Back at base to Aoife unningham, Louis Hopkins and Head Honcho, Jenny "Amazing" Kelly we say a million thanks. Special mention and a huge thank you to Pat "Our I.T. rock" Balfe... You the man! This book is about "Us", that's you – the people who took the photos, the people in the photos and the people who have bought the book. THANK YOU!

YOU.